La

SAVOIE « NEUTRALISÉE »

CONGRÈS DE VIENNE ET DE PARIS
NÉGOCIATIONS DE TURIN
(1814 - 1816)

par

FERNAND DAVID

Député de la Haute-Savoie
Ancien ministre

ET

J. BERGE

Économiste, Chargé de mission;

Extrait du *Correspondant*
Avec quelques notes et additions

PARIS

LOUIS DE SOYE, IMPRIMEUR

18, RUE DES FOSSÉS-SAINT-JACQUES, 18

1919

La

SAVOIE « NEUTRALISÉE »

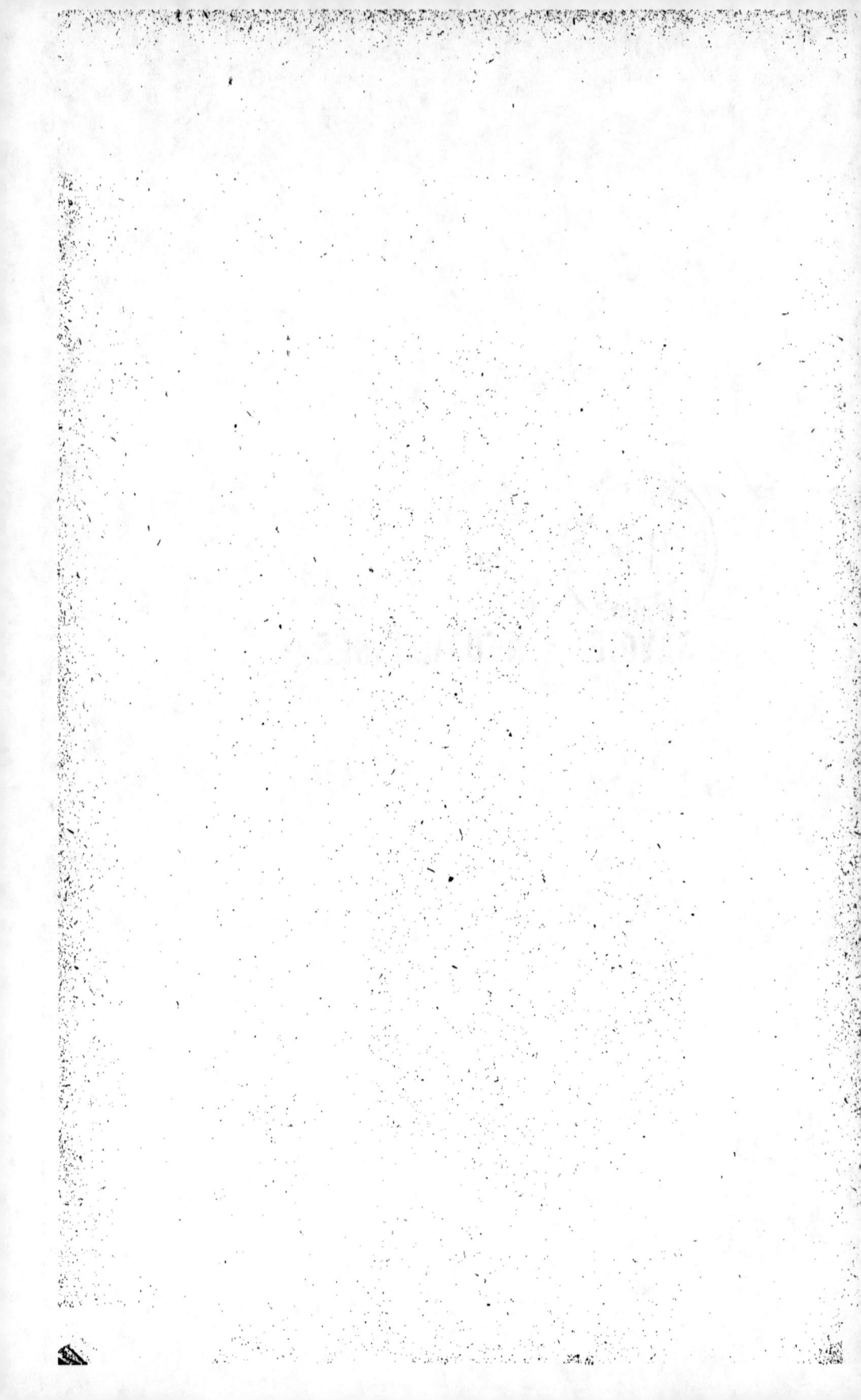

La
SAVOIE « NEUTRALISÉE »

CONGRÈS DE VIENNE ET DE PARIS
NÉGOCIATIONS DE TURIN

(1814 - 1816)

par

FERNAND DAVID

Député de la Haute-Savoie
Ancien ministre

ET

J. BERGE

Economiste, Chargé de mission.

++++++++++++

Extrait du Correspondant

Avec quelques notes et additions

++++++++++++

PARIS

LOUIS DE SOYE, IMPRIMEUR
18, RUE DES FOSSÉS-SAINT-JACQUES, 18

—

1919

LA SAVOIE « NEUTRALISÉE »

Dès le début de la guerre, la déclaration de neutralité suisse du 4 août 1914 rappela la « neutralité » de la Savoie du Nord [1], et affirma, dans les termes qui suivent, le « droit » qu'avait la Suisse d'occuper la partie du territoire français qui en était l'objet :

> « Relativement aux parties de la Savoie qui, — aux termes de la déclaration des Puissances du 29 mars 1815, de l'acte final du Congrès de Vienne du 9 juin 1815, de l'acte d'accession de la diète suisse du 12 août 1815, du traité de Paris du 20 novembre 1815 et de l'acte de reconnaissance et de garantie de la neutralité suisse portant la même date, — doivent jouir de la neutralité de la même manière que si elles appartenaient à la Suisse, dispositions que la France et la Sardaigne ont consacrées à l'article 2 du traité de Turin du 24 mars 1860, *le Conseil fédéral croit devoir rappeler que la Suisse a le droit d'occuper ces territoires.*
>
> « *Le Conseil fédéral ferait usage de ce droit si les circonstances paraissaient l'exiger pour la défense de la neutralité et de l'intégrité du territoire de la Confédération, etc.* »

Le point de vue ainsi exposé par le gouvernement de la République helvétique ne concordant pas avec le nôtre, il s'en suivit un échange de notes entre les cabinets des deux nations amies. Les divergences subsistèrent, de sorte que l'on décida de part et d'autre de réserver pour des temps meilleurs l'examen approfondi et la solution de ce problème complexe.

Ces temps sont venus, et, par une circonstance heureuse, il

---

1. Voir, dans le *Correspondant* du 25 juin 1915, l'article de L. Paul-Dubois sur *la neutralité militaire de la Savoie du Nord*, et dans celui du 25 janvier 1913, l'article de J. Berge, *Genève et l'amitié franco-suisse*. Voir également l'annexe sur la *neutralité de la Savoie* du rapport de J. Berge, *France-Italie, Chemins de fer transalpins, le Mont-Blanc* (Paris, 1909).

a paru, au cours de la guerre, un important travail en préparation depuis longtemps : la publication de la correspondance des délégués genevois Pictet de Rochemont et d'Ivernois au Congrès de Vienne, ainsi que celle de Pictet de Rochemont aux deux Congrès de Paris et aux négociations de Turin (1814-1816[1]). Cette correspondance nous aide à nous reconnaître à travers ce vrai dédale diplomatique que fut la neutralisation de la Savoie du Nord en 1815.

L'aspect de la question a été naturellement *retourné* quand la Savoie est devenue française; si nous sommes obligés de remonter au Congrès de Vienne, c'est que le traité de Turin du 24 mars 1860 n'a pas voulu, sur ce point, tirer la conséquence du nouvel état de choses et a laissé tout en suspens, prévoyant une entente ultérieure qui n'eut pas lieu, les négociations ouvertes dans ce but ayant cessé aussitôt.

Aussi bien cette controverse est-elle de celles que l'on peut exposer sans porter ombrage à personne, et comme un type de problème international[2]. Les formidables événements auxquels nous assistons, et dont les conséquences vont favoriser, espérons-le, un nouveau statut des nations, font passer bien au second plan cette discussion un peu paradoxale au sujet de la neutralisation d'un coin de l'ancien royaume sarde.

Si la solution de ce problème s'impose pourtant, c'est que la guerre qui finit a montré quels inconvénients peuvent présenter les questions de cette nature, si faible que soit leur répercussion sur l'ensemble des opérations. Pour laisser intact le terrain d'une discussion encore ouverte et ne pas donner la moindre prise à la mauvaise foi germanique qui eût pu s'exercer du côté de Bâle, nous avons poussé notre réserve jusqu'à priver le nord de la Savoie et en particulier nos admirables régions d'Annecy et du Léman de toute formation sanitaire. Une partie de notre pays était interdite à nos malades et à nos blessés !

Tout cela parce que nous avions négligé de nous mettre d'accord, considérant l'application de nos droits après 1860

---

1. *Genève et les traités de 1815*, correspondance diplomatique de Pictet de Rochemont et de François d'Ivernois, publiée par les soins de Lucien Cramer (2 vol. de 753 et 572 pages, Genève, Kündig).

2. En remettant en août 1914 la déclaration de neutralité suisse à notre ministre des Affaires étrangères, M. Lardy déclara que le passage relatif à la Savoie était une « clause de pur style ».

comme une chose élémentaire qui n'avait pas besoin d'être mise sur le papier. Que pouvait-il y avoir, en effet, de plus simple que cette formule : *Après deux siècles d'efforts, les souverains du Piémont ont obtenu en 1815 la neutralité de la Savoie du Nord qu'ils ne pouvaient pas défendre contre la France; la Suisse a été chargée de faire respecter cette neutralité ; pour cela elle a reçu une indemnité ; en 1860, la Savoie revient à la France; dès lors, la protection suisse ainsi que la neutralité tombent d'elles-mêmes.*

Nous devons cependant demander aujourd'hui le règlement définitif de ce différend, car il s'est formé peu à peu, sous l'influence de certains publicistes suisses, une thèse nouvelle qui ne résiste pas à un examen attentif des faits. D'après cette thèse, la neutralisation de la Savoie du Nord aurait été accordée par les Puissances en 1815 en faveur des Cantons, comme complément de leur propre neutralité et en vue de la renforcer. Il s'ensuit que les clauses des divers documents réglant cette neutralité ne constitueraient pas pour la République helvétique une obligation dont elle est aujourd'hui délivrée, mais bien des « droits » qui subsistent toujours, comme le droit d'occupation en temps de guerre. Tant qu'un nouvel accord ne sera pas intervenu, elle se réserve d'interpréter en sa faveur les clauses des divers actes ou traités relatifs à cette neutralisation et paraissant obscurs et incomplets.

On a souvent embrouillé cette question comme à plaisir en faisant porter la controverse sur des points secondaires. Rappelons d'abord quelles sont les bases officielles de la discussion.

La déclaration de neutralité suisse du 4 août 1914 cite successivement : la déclaration des Puissances du 29 mars 1815, l'acte final du congrès de Vienne du 9 juin, le traité de Paris du 20 novembre 1815, l'acte de reconnaissance et de garantie de la neutralité suisse portant la même date, et l'article 2 du traité de Turin du 24 mars 1860. Ajoutons-y l'acte le plus important de tous, que les déclarations de neutralité suisses de 1859, 1870 et 1914 ont chaque fois oublié et qui est justement le pivot de la thèse française : le traité de Turin du 16 mars 1816 [1].

---

1. Ce sont les négociations préliminaires à ce traité qui fixent le mieux le sens des stipulations de 1815 relatives à la Savoie.

*
* *

La neutralisation de la Savoie du Nord a été établie *en faveur de la Sardaigne* et *à titre onéreux en ce qui concerne la Suisse*. Voilà le point capital qu'il faut établir. L'examen du dossier de Vienne et notamment de la Correspondance de Pictet de Rochemont va nous permettre de le faire en toute impartialité et de montrer avec la dernière évidence que la situation de fait résultant actuellement des accords de 1815 et 1816 se traduirait par une « dette » de la Suisse vis-à-vis de notre pays.

A en juger par le texte de la déclaration de neutralité du 4 août 1914, il semblerait, au contraire, qu'il pèserait sur une région de la France une sorte de *servitude*; le seul objet envisagé par le Congrès de Vienne aurait été « la défense de la neutralité et de l'intégrité du territoire de la confédération ». C'est là, comme nous allons le voir, une dérivation complète du sens des traités. Il ne fut question à Vienne que de la défense de la Savoie contre le « séquestre périodique » que lui infligeaient les Français. La déclaration du 4 août y substitue aujourd'hui la défense des intérêts suisses. Nous montrerons qu'elle n'en a guère le droit car nous mettrons en évidence la série de difficultés qu'auront à vaincre Pictet et d'Ivernois pour faire admettre par les cantons le genre de « neutralité » de la Savoie du Nord organisée par les puissances, difficultés inexplicables, avouons-le, s'il s'agissait là « de la défense de la neutralité et de l'intégrité du territoire de la confédération »! Nous remarquerons que tous les textes officiels et toutes les correspondances établissent la réciprocité entre une cession de territoire faite à Genève, c'est-à-dire à la confédération, et l'obligation, imposée à cette dernière, de fournir un concours militaire pour la garde d'une partie de la Savoie. C'est là l'explication toute naturelle de l'hostilité rencontrée du côté de la Suisse par les délégués genevois, mais en même temps cela annule, disons-le tout de suite, la prétention de transformer ce concours militaire, c'est-à-dire cette charge, en un « droit » d'ordre « politique » sur la Savoie.

A la date du 26 mars 1815, la déclaration du ministre sarde au congrès de Vienne, déclaration qui devint le proto-

cole du 29 mars [1], se détache comme un point lumineux de
tous les échanges de lettres et de notes que nous analyserons
tout à l'heure et qu'elle résume. Fixant d'une manière pré-
cise le sens des négociations, Saint-Marsan déclare en effet,
à cette date, qu'il a « rendu compte à son auguste maître du
désir des hautes Puissances alliées qu'il fût fait quelques
concessions territoriales au canton de Genève du côté de la
Savoie, et lui a soumis le projet qui avait été formé à ce sujet :

> « Sa Majesté, toujours empressée de témoigner à ses hauts
> et puissants alliés toute sa reconnaissance et son désir de
> leur être agréable, a surmonté sa répugnance toute naturelle
> à se séparer de bons, anciens et fidèles sujets et a autorisé le
> soussigné à consentir à une cession de territoire en faveur
> du canton de Genève telle qu'elle est proposée par le proto-
> cole ci-joint et aux conditions ci-après :
> « Que les provinces du Chablais et du Faucigny [2] et tout
> « le territoire au nord d'Ugines appartenant à Sa Majesté
> « fassent partie de la neutralité de la Suisse garantie par
> « toutes les puissances, etc. [3] »

Victor-Emmanuel demandait donc la neutralisation comme
une *condition* de l'abandon qu'il allait faire à Genève de dix-
sept communes destinées à former son agglomération.

Aucun des diplomates du congrès de Vienne n'ignorait ce
désir déjà très ancien des ducs de Savoie et des rois de Sardaigne de se protéger contre la France en faisant neutraliser
la partie de leurs États la plus exposée.

A partir du moment où ils tournèrent leurs vues vers
l'Italie, les ducs de Savoie avaient cherché à éviter tout conflit
sur ces terres de l'autre côté des Alpes qu'ils ne pouvaient
sérieusement songer à défendre. Dès le commencement du
seizième siècle, avant qu'ils eussent perdu Genève et le pays de
Vaud, ils étaient arrivés par l'arrangement de Bade à se faire
promettre l'aide de Berne et de Fribourg dans ce dessein, au
moins pendant un certain temps (mai 1512). Cent ans après, le
« traité d'accommodement » de 1611, conclu entre Charles-
Emmanuel et Marie de Médicis, vit renouveler cette tentative.
S'engager comme le fit le duc à retirer ses troupes de Savoie

---

1. Et l'article 92 de l'acte final du Congrès de Vienne du 9 juin 1815.
1. Le Chablais correspond à l'arrondissement de Thonon ; le Faucigny à
celui de Bonneville.
2. Deuxième protocole du 29 mars, *Genève et les traités de 1815*, II, 532.

et à les remplacer par un faible contingent de mercenaires suisses, c'était, à ce moment-là, ce qu'il pouvait faire de plus habile. En 1690, au moment d'entrer dans la Ligue d'Augsbourg, il parut encore opportun à Victor-Amédée d'envoyer le comte de Goyon à Lucerne et à Bâle, pour les pressentir au sujet d'une neutralité éventuelle de la Savoie, avec appui des cantons. Louis XIV fit échouer ce plan en demandant à son tour que la Suisse s'installât en gardienne du Dauphiné.

Victor-Amédée ne se découragea point. Six ans après, au traité de Turin, il obtint un instant la neutralité désirée, avec la promesse qu'elle serait consolidée au congrès qui allait s'ouvrir. Mais à Ryswick, l'année suivante, Louis XIV s'opposa à tout texte pouvant entraver dans l'avenir l'action et les ambitions de la France. Victor-Amédée revint encore à la charge, et cette fois ce fut en engageant en 1703 avec la Suisse une longue négociation destinée à faire entrer la Savoie dans la neutralité des Cantons. Le duc allait changer de camp au cours de la guerre de succession d'Espagne. Quoi de mieux que de faire déclarer neutre la partie de ses Etats de ce côté-ci des Alpes « pour la mettre à couvert des invasions de la France ». En échange, les ducs de Savoie abandonneraient leurs prétentions sur Genève et le canton de Vaud.

Malheureusement pour Victor-Amédée, les Cantons ne pouvaient rien décider sans le consentement de Louis XIV, lequel eut vite fait d'occuper lui-même la Savoie. A Utrecht, en 1813, quand on liquida toutes les querelles, le duc de Savoie devait désirer d'autant plus la neutralité que Montmélian, sa dernière forteresse, venait d'être démantelé. Il envoya dans ce dessein, comme l'un de ses plénipotentiaires, le même Mellarède qui dix ans auparavant avait parcouru sans succès les petites capitales suisses. La France résista, suivant son habitude, et aucune clause ne parla de neutralité. A la mort de Charles VI, jusqu'en 1748, à Aix-la-Chapelle, même jeu, même résultat [1]. On arrive ainsi à la Révolution sans que les ducs et les rois de Sardaigne aient jamais cessé depuis le seizième siècle de demander à l'Europe la neutralité de

---

1. Le comte de Viry fut envoyé en mission à Berne à la mort de l'empereur Charles VI (1740). Il s'agissait pour Charles-Emmanuel de conquérir le Milanais sans rien craindre du côté de la France.

leurs Etats de Savoie, et sans que la diplomatie française se soit jamais lassée de faire échouer leur cause [1].

Cette cause, sans doute, était des plus légitimes. Aujourd'hui que la Savoie est le coin le plus calme de l'Europe, on imagine malaisément à quel point, pendant quatre siècles, tour à tour Français, Espagnols, Italiens et Allemands ravagèrent et tourmentèrent un pays qui n'était pour eux qu'un champ de bataille. Mais le retour pur et simple de ces provinces à la grande famille française était tellement dans l'ordre des choses que la neutralité n'y eût rien changé.

Aussi voyons-nous, en 1792, Montesquiou occuper la Savoie par une simple marche militaire et sans perdre un homme [2]. Le département du Mont-Blanc, puis celui du Léman, s'identifièrent si bien avec le reste du pays que le premier traité de Paris, en rétablissant dans ses Etats le roi de Sardaigne, laissa à la France pourtant vaincue une grande partie de la Savoie, dont Chambéry et Annecy. Il fallut le désastre des Cent Jours pour consommer la perte totale de ces provinces, qui avaient été la première et la plus chère conquête de nos armées.

Il ne faut point s'étonner, dès lors, que dès l'été de 1814, avant l'ouverture du congrès de Vienne, Victor-Emmanuel, avec une logique deux fois séculaire, ait demandé aux Puissances cette neutralité qu'il jugeait indispensable au salut de ses Etats [3]. « Au premier cri de guerre, disait-il, la Savoie serait à la merci de la France qui ne manquerait pas de s'en emparer [4]. »

Malgré de pareils antécédents, la demande sarde eût peut-être échoué une fois de plus comme sans objet immédiat pour

---

1. Ajoutons-y la négociation du ministre sarde en Suisse, le baron Vignet des Etoles, au printemps de 1796, entre l'armistice de Cherasco et la paix de Turin. Victor-Amédée III fit remettre à chacun des Cantons une note demandant que la Savoie pût entrer dans la neutralité helvétique.

2. On sait que sur 650 communes qui envoyèrent leurs délégués à l'Assemblée générale des Allobroges, 570 demandèrent l'union à la France, 77 laissèrent leurs délégués libres, 3 seulement demandèrent à faire de la Savoie une répu-publique indépendante.

3. Dans l'introduction de l'ouvrage précité, M. Cramer cite une correspondance à ce sujet entre M. de Valaise, ministre des Affaires étrangères du roi de Sardaigne, et son représentant à Vienne, M. de Saint-Marsan. (*Genève et les traités de 1815*, p. XXVI.)

4. Victor-Emmanuel à Saint-Marsan, lettre du 8 octobre 1814. (*Genève et les traités de 1815*, p. XXVI.) Les premières démarches de Saint-Marsan sont du mois d'août.

les intérêts généraux de l'Europe [1], si ce désir n'était pas devenu la contre-partie de la négociation très habile que Pictet de Rochemont, visant lui aussi un but plusieurs fois séculaire, avait entrepris dès les premiers mois de 1814 en faveur de l'agrandissement du territoire de Genève.

Délégués à Vienne après le traité de Paris, les plénipotentiaires genevois avaient considérablement réduit le vaste programme qu'à Bâle, en janvier 1814, ils avaient mis sous les yeux de l'empereur Alexandre.

Unie à la France de 1798 aux derniers jours de 1813, Genève avait espéré, en devenant indépendante et en sollicitant son entrée dans la Confédération helvétique, conserver la plus grande partie de ce département du Léman dont, somme toute, elle avait été fière d'être le chef-lieu. L'Autrichien Bubna, le 30 décembre, lui avait, d'un geste tentateur, montré le Jura et les Alpes de Savoie. « Voilà, disait-il, les frontières de votre république unie à la Suisse. »

Mais la Suisse elle-même s'était chargée de calmer l'ardeur du futur canton. La correspondance et les notes de Pictet de Rochemont montrent qu'avant son « agrégation » à la Suisse, l'entrée dans la Confédération de la « turbulente » Genève était désirée sans beaucoup d'entrain. La Confédération helvétique redoutait un peu l'inconnu qui s'offrait à elle. Ne pouvant décemment repousser Genève, elle y mettait pour condition que sa tranquillité n'en fût point troublée.

Pictet, d'ailleurs, nous renseigne lui-même dans une lettre au Secrétaire d'État Turrettini [2] : « Le même courrier qui m'apporta la lettre des plénipotentiaires, à la suite du plan Bubna qui nous donnait plus que le département et 230 000 habitants, m'apporta aussi les instructions de nos députés : « *Les cantons, Zurich en tête, souhaitent que l'agrandissement de Genève soit le moindre possible. Ils craignent pour eux le mécontentement des Puissances aux dépens desquelles il aurait lieu, un surcroît de population ayant encore moins que les Genevois les mœurs helvétiques, et dont l'accession à la République*

---

1. Saint-Marsan reconnaît que, lorsqu'il en parla pour la première fois à Castlereagh dans l'été de 1814, le plénipotentiaire anglais ne l'écouta que d'un air distrait. (*Op. cit.*, I, 389.)

2. Zurich avait envoyé à Pictet, en avril 1814, des renseignements si pressants au sujet des vœux de modération des cantons, que Pictet crut devoir faire le 10 mai une note pour Metternich afin de restreindre ses précédentes demandes. (*Op. cit.*, I, 120.)

de Genève amènerait des troubles et des débats d'ambition [1]. »
A ce congrès de Paris, où Pictet de Rochemont fit des efforts prodigieux, mais toujours inutiles, pour unir Gex à Genève, il se heurta précisément à l'indifférence et parfois à l'hostilité des délégués suisses.

Auprès d'Alexandre, le Vaudois La Harpe, devenu lieutenant-général par la volonté impériale, après avoir été précepteur des grand-ducs, eût été un atout de premier ordre pour l'ambition de Genève, s'il l'eût voulu. Mais, député de Vaud, et déjà fort gêné par Berne, La Harpe redoutait l' «agrégation » demandée. S'il faut en croire Pictet, il fut son adversaire jusqu'au traité de Paris, contrebalançant auprès d'Alexandre l'influence, si affectueuse pour Genève, de la baronne de Staël. Dans les négociations ayant pour but de donner Gex à Genève, il fut curieux de voir le Suisse La Harpe contribuer à mettre en échec [2] les efforts de Pictet et faire laisser ce territoire à la France, pendant qu'au contraire la fille de Necker travaillait avec acharnement à nous l'enlever [3].

La Harpe, il est vrai, manœuvrait en faveur de Vaud. La députation de la Diète avait moins d'excuse, quand, unanimement, après l'échec de Pictet au sujet de Gex, elle lui fit comprendre à quel point l'admission de Genève parmi les cantons était peu certaine et peu désirée : « La députation de la Diète arriva le 27 », écrit Pictet à Turrettini. « Le changement de notre position me paraît avoir complètement refroidi ces messieurs sur notre agrégation. M. de Mulinen m'en parla comme d'une idée qu'il fallait abandonner. M. de Réding avait toujours exprimé, m'apprit ensuite M. Monod, une opinion contraire à notre vœu. Quant à lui, Monod, il paraissait

---

1. Pictet à Turrettini. (*Op. cit.*, I, 75.)
2. Pictet à d'Ivernois, le 21 mai 1814 : « La Harpe travaille contre nous ; il m'évite. » (*Op. cit.*, I, 67.) — Pictet à Turrettini, le 28 mai 1814 : « Personne ici ne doute que La Harpe ne nous nuise. » (*Op. cit.*, I, 91.) — Pictet à Turrettini, le 2 juin 1814 : « Sa conduite envers moi ne peut s'expliquer que par la crainte de nous voir agrégés. » (*Op. cit.*, I, 101.)
Plus tard, La Harpe laissa entendre que, même à Genève, tout le monde n'était pas d'accord pour demander Gex.
3. « J'ai lâché la baronne sur le glacial Castlereagh », écrit Pictet le 23 mai 1814. (*Op. cit.*, I, 76.)
Au cours d'une réception, alors que la fille de Necker était entre Humboldt et Nesselrode, Talleyrand l'apostropha en ces termes : « Voilà Mme de Staël qui me veut un mal de mort d'avoir défendu le territoire français. » (Pictet à Turrettini, 26 mai 1814. *Op. cit.*, I, 83.)

croire bien difficile que nous puissions être admis dans la Confédération [1]. »

Cependant le traité de Paris du 30 mai mit Genève en Suisse. Huit heures de débat sur ce sujet, retardant d'autant la paix de l'Europe, clôturèrent, paraît-il, la discussion générale [2].

Les instructions que donna Genève à ses délégués en vue du congrès de Vienne [3] portèrent en entier sur l'agrandissement promis et pas encore donné. Pictet de Rochemont et son collègue d'Ivernois devaient de nouveau demander Gex pour Genève, et l' « arrondissement » recherché devait l'être aussi du côté de la Savoie. Mais à Vienne, également, les délégués genevois allaient être complètement abandonnés par leurs frères suisses [4].

N'ayant d'yeux que pour les intérêts de sa ville, Pictet est peut-être un peu injuste quand il parle de ces délégués des cantons. « C'est une pitié que cette députation de la Diète, écrit-il à Turrettini, la Suisse n'avait pas besoin de ce ridicule [5]. » La Confédération helvétique préconisait avec raison un accord solide obtenu par le consentement de tous les intéressés. Prendre Gex à la France, à Victor-Emmanuel le Chablais et le Faucigny, c'était se lancer dans des aventures. « Etrangère à tout projet d'agrandissement, respectant les droits territoriaux de ses voisins autant qu'elle désirait voir respecter les siens propres », tel était, exprimé par de la Diète, l'état d'esprit de la Confédération. Elle « n'entendait nullement favoriser ou provoquer l'annexion d'une partie de la Savoie », se bornant à « attendre ce que les Puissances, dont dépend le sort de la Savoie, feront en faveur d'un agrandissement éventuel du territoire de Genève [6] ».

Que la Confédération veuille bien s'unir à Genève, auprès

---

1. *Op. cit.*, I, 124.
2. *Ibid.*, I, 123.
3. Instruction du 17 septembre 1814. (*Op. cit.*, I, 145.)
4. Voici ce qu'en dit M. Cramer dans l'introduction de l'ouvrage précité : « En vérité, Reinhard, Wieland et Montenach avaient reçu de la Diète l'ordre de favoriser à Vienne les demandes des Genevois, mais leurs instructions se trouvaient accompagnées de restrictions telles, en ce qui concernait notamment les ménagements à garder vis-à-vis du roi de Sardaigne, qu'à aucun moment les négociations les députés genevois ne purent profiter de leurs bons offices. — C'est pour la même raison que les représentants de la Suisse restèrent étrangers, presque jusqu'au bout, à la négociation conduite par Pictet et d'Ivernois au sujet de la neutralisation du Chablais et du Faucigny. » (*Op. cit.*, p. xxiv.)
5. *Op. cit.*, I, 193.
6. Gonzembach, *la Suisse et la Savoie*, p. 48.

des Puissances, c'était déjà un grand point, car cela allait permettre à ces mêmes Puissances de faire payer par l'ensemble des cantons le prix du territoire que l'on demandait pour l'un d'eux.

Pendant trois longs mois, du début d'octobre 1814 à janvier 1815, Pictet et d'Ivernois se dépensèrent sans relâche pour essayer d'obtenir l'agrandissement qui était promis. Instructive et parfois passionnante, la correspondance des délégués genevois les montre, au milieu de difficultés inouïes, évoluant sans trop de gêne parmi les « grands seigneurs » du moment, mais sans jamais obtenir d'eux de promesses fermes.

La lutte pour Gex continue à Vienne, plus âpre encore qu'à Paris, avec des moments de « grande allégresse », malheureusement détruits chaque fois par des « coups de foudre ». On sait comment Gex fut conservé à la France, Talleyrand et Dalberg ayant fait intervenir Louis XVIII. C'est seulement à la fin de novembre que Pictet et d'Ivernois sentent que c'est vers le roi de Sardaigne qu'il faut se tourner, l'agrandissement recherché ne pouvant plus l'être que du côté de la Savoie[1].

Dès l'arrivée de Saint-Marsan à Vienne, la Russie et l'Angleterre, par la voix de Capo d'Istria et de Castlereagh, avaient, séparément, signalé à Pictet[2] que le ministre sarde demandait, au nom de son maître, l' « helvétisation de ses États de Savoie », y compris la part laissée à la France, comme le roi de Prusse l'avait fait admettre pour Neuchâtel. C'était, disait Pictet, la tentative de 1703 et de 1796 qui recommençait[3].

Les délégués genevois se trouvèrent, cette fois, d'accord avec leurs collègues suisses pour repousser le projet ainsi présenté. Pictet objectait que « les données de la Constitution helvétique pouvaient être altérées par une telle accession[4] »; quant à Reinhard, landamman de la Suisse, il « trouvait déjà le nombre des cantons trop considérable », et « s'épouvantait de la masse de catholiques » qui viendraient troubler sa sérénité[5].

Saint-Marsan se replia en bon ordre; aidé par Talleyrand,

---

1. Humbolt, délégué prussien, avait remis le 24 octobre 1814 au comité de la Suisse un mémoire par lequel il préconisait d'amener à la Confédération la partie de la Savoie comprise entre le Rhône, le Fier et la ligne Mont-Charvin-Mont-Blanc.

2. Capo d'Istria, le 24 octobre; Castlereagh, le 25. (*Op. cit.*, I, 184 et 187).

3. *Ibid.*, I, 184.

4. *Op. cit.*, 185.

5. Pictet à Turrettini, I, 227.

il se borna désormais à montrer sa ferme volonté de ne rien céder. C'est pourtant lui, et lui seul, qui pouvait donner à Genève cette banlieue de Carouge sans laquelle, disait Pictet, la sûreté, l'indépendance et la vie même du nouveau canton ne pouvaient être assurées. Mais qu'offrir au roi de Sardaigne?

Pictet pensa, un instant, lier son affaire à celle de Gênes, territoire que Victor-Emmanuel allait recevoir. Castlereagh lui montra qu'il était trop tard. « Gênes donnée sans conditions au roi de Sardaigne » ne pouvait servir à atteindre le but désiré. « Le cabinet de Londres était embarrassé à demander une cession pure et simple » pour fournir l'agrandissement que Genève demandait. Il fallait « trouver un biais et quelque chose à offrir », telle était la conclusion du ministre anglais [1].

« Quelque chose à offrir », Pictet savait bien ce que cela voulait dire. Déjà au milieu de novembre, le second de Castlereagh, Lord Clancarty, avait *articulé expressément* à d'Ivernois l'idée de « monnayer » ce qu'on demandait au roi de Sardaigne [2]. D'Ivernois s'excusa de la pauvreté du nouveau canton. Pictet déclarait à Castlereagh, à la date du 20 novembre : « Nous ne saurions rien offrir digne d'être offert [3]. » Les instructions du 17 septembre prévoyaient bien cette hypothèse, mais avec tant de restrictions [4]!

Cependant Canning, le 27 novembre, revenait gravement sur ce sujet avec d'Ivernois : « C'est à vous à juger de la responsabilité qui vous attend, dit-il au délégué de Genève, si vous ne faites aucun pas pour faciliter une négociation tellement épineuse que le succès me paraît plus que douteux [5]. »

C'est qu'un coup de théâtre s'était produit. Talleyrand, d'accord avec Saint-Marsan, demandait Carouge pour lui-même en échange d'Annecy, c'est-à-dire en échange d'une route convenable permettant aux troupes sardes d'aller en tout temps rejoindre le Chablais et le Faucigny.

Le partage opéré au premier traité de Paris rendait intenable pour Victor-Emmanuel la situation de ces deux provinces, ouvertes sur la France et séparées par la nature du reste de ses Etats, au point que les troupes sardes, pour y

---

1. *Ibid.* Lettre du 26 novembre 1814. (*Op. cit.*, I, 216 '
2. *Op. cit.*, I, 526.
3. *Ibid.*, I, 527.
4. *Ibid.*, I, 151 et 152.
5. *Ib d.*, I, 538.

rentrer, avaient dû faire passer leurs attelages par la partie
de la Savoie que le traité de Paris nous avait laissée. Conflans,
la nouvelle capitale, n'était pas à l'abri d'un coup de main des
Français, et cette ville prise et la route d'Ugines fermée,
c'était l'obligation, pour les troupes occupant la Savoie du
Nord, de rentrer en Italie à travers la Suisse.

C'est pour cela que le souverain du Piémont avait écrit en
octobre 1814 à son plénipotentiaire : « Nous verrions avec la
plus grande satisfaction que ce projet d'accession à la neutralité helvétique pût avoir lieu pour la plus grande étendue
possible, et même pour toute la Savoie, si la France ne s'y
oppose invinciblement [1]. » Sur le refus de la Suisse, qui fuyait
les complications, Victor-Emmanuel s'adressait au roi de
France lui-même, pour obtenir au moins un accès facile au
Chablais et au Faucigny [2]. En échange, il lui offrait précisément cette banlieue de Genève pour laquelle Pictet et d'Ivernois s'acharnaient jour et nuit auprès des chancelleries.

C'est pourquoi, en novembre 1814, tout le monde pousse
les délégués genevois à faire le geste que l'on attend d'eux,
à offrir la seule chose que la riche Genève était capable
d'offrir. D'Ivernois revoit Canning et de cette conférence il
revient avec l'idée arrêtée que le « sacrifice pécuniaire » sera
indispensable. C'est ce qu'il écrit à Turrettini [3].

Ce n'est pas seulement l'Angleterre qui jetait les délégués
de Genève dans les bras de Saint-Marsan. Le 11 décembre,
Alexandre dit à Capo d'Istria que c'est là la seule planche de
salut pour Pictet et d'Ivernois [4]. Le 20 décembre, c'est Metternich lui-même qui se joint à Castlereagh et à Clancarty [5].

Pour combattre le projet anglais, Pictet de Rochemont
« chantait misère » aussi souvent qu'il le pouvait [6]. Mais à la
fin de décembre, il est près de se rallier à la solution toute
matérielle qui peut encore les sauver. « Je crois qu'on pourra
bien finir par nous imposer un sacrifice pécuniaire, écrit-il
le 28 décembre à Turrettini, c'est aussi une question de savoir
si ce ne serait pas une manière plus solide de posséder. Je

---

1. *Op. cit.*, p. xxvi. — Lettre du 8 octobre 1814.
2. *Ibid.*, I, 214 et 216.
3. *Ibid.*, I, 568.
4. *Ibid.*, I, 271.
5. *Ibid.*, I, 272.
6. *Ibid.*, I, 548.

suppose une aliquote de la foncière rachetable, à volonté, par un capital. Mais étant sans instruction sur ce point, nous ne pourrions que nous laisser imposer la chose. *Dixi* [1]. »

Ouvrir les coffres de Genève, c'était pourtant mieux que d'échouer tout à fait. Mais c'est à ce moment même que va naître l'idée de remplacer la contribution financière par l'offre du concours des milices fédérales en vue de garder le coin le plus exposé des Etats du roi de Sardaigne.

Neutraliser ce territoire contre l'ambition des Français, charger la Suisse de le faire respecter comme le sien propre, voilà quelle sera la rançon de la partie de Savoie que Genève demandait.

Le 31 décembre, Pictet tranquillise sa ville par « l'idée de d'Ivernois qu'en cas de guerre ou approche de guerre, enfin dans tous les cas où se mettrait sur pied le contingent de la Suisse, celle-ci fût chargée d'occuper militairement le Chablais et le Faucigny ». Que ce fût un avantage pour le roi de Sardaigne, cela n'avait pas besoin d'être démontré. De là la conclusion toute naturelle : « En conséquence de cet avantage, faire céder par le roi de Sardaigne à Genève l'arrondissement désiré [2] ». Pour que l'idée soit acceptée, il parle encore de la « redevance annuelle », montrant qu'il faudrait s'y résoudre faute de mieux.

D'Ivernois à son tour presse le Grand Conseil : « Le cabinet de Versailles et le cabinet de Turin sont si étroitement liés, écrit-il le 4 janvier, que Saint-Marsan espère toujours en obtenir une nouvelle route, ce qui me fait craindre que les vues de la France sur Carouge ne soient toujours les mêmes, et qu'il ne se trame à cet effet quelque négociation secrète que j'envisagerais comme notre coup de grâce... Quand je vois l'admirable talent avec lequel Talleyrand conduit sa barque ici, je tremble qu'il ne vise et ne réussisse à couler à fond notre frêle nacelle [3]. » Dans la lettre suivante, il avertit que « les affaires se gâtent à vue d'œil » et que Carouge, convoité par la France, est bien près de leur échapper [4]. Il développe alors son idée d'un accord avec le roi de Sardaigne par

1. *Op. cit.*, I, 291.
2. *Ibid.*, I, 295.
3. 4 janvier 1815. (*Op. cit.*, I, 605.)
4. *Op. cit.*, I, 606. — Dans cette lettre il raconte une réception assez orageuse que lui a faite Castlereagh, lequel lui a reproché qu'on ait « trop parlé et trop écrit » (p. 608).

lequel « la Suisse se chargerait d'occuper militairement le Chablais et le Faucigny toutes les fois que les dangers extérieurs l'exigeraient ». Comme conpensation, Victor-Emmanue céderait Carouge [1].

Fait inattendu, le Grand Conseil de Genève se montra d'abord peu enthousiaste pour ce projet. Cela suscita les exclamations de Pictet et de d'Ivernois : que la Suisse fasse des objections, que Turin même qui devait abandonner son territoire y réfléchisse à deux fois, mais Genève [2]! Depuis le début de 1814, Pictet avait bien pourtant eu pour mission « d'obtenir la cession de Carouge moyennant des compensations au roi de Sardaigne [3] » !

On laissa donc les « coudées franches » à Pictet et d'Ivernois et la négociation s'ouvrit avec Saint-Marsan.

Adversaires d'égale force, Pictet et Saint-Marsan s'abordèrent courtoisement, chacun vantant ce qu'il pourrait offrir et faisant bon marché, au contraire, de ce qu'il voulait. « Un homme dur à la détente » et « qui savait défendre son terrain pied à pied », tel était le ministre sarde, d'après le témoignage de Pictet de Rochemont et de d'Ivernois. Lorsque Saint-Marsan montre aux délégués de Genève « qu'il répugnera au roi de Sardaigne de se séparer de loyaux sujets » et que la garde des provinces neutralisées, si désirée fût-elle par Victor-Emmanuel, ne vaut pas de tels sacrifices [4], Pictet et d'Ivernois montrent à leur tour les efforts qu'ils auront à faire auprès des cantons « qui, naturellement peu disposés à des innovations de ce genre, ne manqueront pas d'élever plusieurs difficultés contre celle-ci [5] ».

---

1. *Op. cit.*, I, 608.
2. « Si vous vous fussiez bornés à craindre que l'idée ne fût accueillie ni par la Suisse ni par le cabinet de Turin, nous aurions compris vos craintes, parce que nous les avons partagées, mais lorsque vous ajoutez que Genève s'en trouvera embarrassée, nous nous sommes en vain cassé la tête, mon collègue et moi... » (*Op. cit.*, I, 657). — Le 10 février, Pictet écrit à Turrettini : « Si nous obtenons la moindre cession de la Cour de Sardaigne, ce sera plutôt en considération de ce que la Confédération se chargerait de couvrir et de défendre le Chablais et le Faucigny ». (*Op. cit.*, I, 656.)
3. *Op. cit.* I, 112.
4. Il serait puéril de vouloir, comme l'ont fait certains publicistes, tirer parti des artifices employés par Saint-Marsan pour faire le moins de sacrifices possible et diminuer en apparence l'intérêt qu'il attachait à la neutralisation. La lutte acharnée qui se livra plus tard, notamment à Turin en 1816, pour faire respecter par la Suisse la décision des puissances relative à cette neutralisation, montre qu'elle était pour Victor-Emmanuel d'un intérêt capital et que c'est cela *seul* qui le décida à donner Carouge à la Suisse.
5. *Ibid.*, I, 634.

Qu'un tel projet fût onéreux pour la Suisse, il n'était personne qui en doutât, mais aux yeux des Puissances il allait justifier l'accroissement de Genève, entrée dans la Confédération helvétique, et remplacer la « redevance annuelle » que les Anglais suggéraient. D'Ivernois l'écrit à Castlereagh pendant que Pictet avertit Capo d'Istria. Dans leurs négociations, le premier allait aux Anglais, le second aux Russes, et le seul point qui plus tard pût les diviser fut l'importance respective de la protection que la Russie et l'Angleterre leur avaient donnée.

A Castlereagh, d'Ivernois demande que « l'indemnité de la cession du petit territoire » soit la faveur pour le roi de Sardaigne « de mettre le Chablais et le Faucigny sous l'égide de la Confédération helvétique et de sa neutralité, de manière qu'en conservant ses deux petites provinces et toutes les ressources qu'il en tire, le roi de Sardaigne fût assuré de les voir couvrir et défendre par les troupes suisses [1] ».

Arrêtons-nous un instant, et remarquons combien tous ces textes sont concluants pour montrer le caractère *obligatoire* de l'intervention pour la Suisse, contrairement à ce que cette dernière voudra soutenir plus tard, dans l'Acte d'accession de la Diète, en affirmant que seul un « droit » d'intervention avec simple « faculté » de garder et de défendre la Savoie du Nord fut *accordé* à la Confédération helvétique par les arrangements du congrès de Vienne.

Auprès de la Russie, Pictet de Rochemont dépeint à Capo d'Istria « l'avantage très grand pour le roi de Sardaigne de conserver les ressources d'hommes et d'argent qu'il tire de ce pays, et d'épargner les frais du corps d'armée nécessaire pour le défendre ». « Il serait juste, ajoute-t-il, que cet avantage fût acheté par la cession d'une partie de territoire [2]. »

L'un comme l'autre, on le voit, les délégués de Genève présentent de telle manière la nouvelle idée qu'il puisse naturellement venir à l'esprit de la Russie et de l'Angleterre que la protection envisagée par Genève pouvait équivaloir à un paiement en deniers. La Suisse, au cours des siècles, avait

---

1. *Op. cit.*, I, 618.
2. *Ibid.*, I, 362. — A son tour Capo d'Istria fait la proposition à l'Autriche en spécifiant bien la réciprocité entre le concours des milices helvétiques et la cession de territoire (*Ibid.*, I, 364).

mis ses soldats à la solde de bien des armées [1]; la garde gra-
tuite et perpétuelle du Chablais et du Faucigny représentait
bien une « redevance ». C'était là la *compensation équitable*
que déjà, dans son mémoire du 25 mai 1814 aux Puissances,
Pictet disait être prêt à offrir au roi de Sardaigne « pour un
agrandissement convenable, nécessairement pris sur le territoire de Savoie [2] ».

En fait, dès la fin de janvier, on ne parla plus d'autre
objet d'échange. Castlereagh dut reconnaître « qu'après la
pression des deux colosses de la Russie et de l'Angleterre »,
ce qui avait le plus de chance d'amener Victor-Emmanuel à
céder Carouge, c'était « l'espoir de la neutralisation des provinces coupées de Turin [3]. » Clancarty spécifiait plus clairement encore l'abandon de l'idée de la contribution pécuniaire
en disant à d'Ivernois : « Si vous croyez pouvoir réussir à
sauver au roi de Sardaigne le séquestre périodique de ses
deux provinces, un pareil avantage ne saurait être acheté
par lui à un trop haut prix, et fût-il le seul équivalent de la
cession que vous souhaitez pour vous, il serait surabondant [4] ».

Mais convaincre la Suisse était autre chose. Dans les instructions reçues en septembre, Pictet et d'Ivernois étaient
laissés à l'égard de leurs collègues suisses « seuls juges des
bornes qu'ils mettraient à leurs confidences [5] ». Ils abusèrent
de cette clause, car malgré qu'il fût naturel de prévenir les
cantons suisses du prix que finalement ils devraient payer
pour Genève, les délégués de cette ville, couverts par leur
Grand Conseil et par les Puissances, n'avertirent pas leurs
collègues suisses que les négociations allaient aboutir [6].

A lire leur correspondance, on se demande ceux qu'ils crai-
gnaient le plus comme obstacle à leur entreprise, Talleyrand
et Dalberg, ou les envoyés des cantons !

Que Talleyrand repousse avec ardeur « tous les expédients
propres à pourvoir à la défense du Chablais et du Faucigny [7] »,

---

1. Il y avait encore des régiments suisses en France en 1830, et à Naples
en 1860. — En recevant Pictet de Rochemont, Louis XVIII fit allusion aux
Suisses qui avaient arrosé de leur sang l'escalier du palais royal.
2. *Ibid.*, I, 86.
3. *Ibid.*, I, 383.
4. *Op. cit.*, I, 702.
5. *Ibid.*, I, 145.
6. *Ibid.*, I, 414. — Pictet à Turrettini, le 12 mars 1815 : « Reinhard et
Wieland dont j'ai eu successivement la visite ne savent pas un mot de ce qui
concerne Genève et ne savent pas même ce qui est arrêté pour la Suisse. »
7. *Ibid.*, I, 609.

Pictet et d'Ivernois s'y attendaient bien. Difficile à atteindre, et « ne lâchant pas un mot que sur la pluie et le beau temps » s'il était atteint, Talleyrand inspirait une sainte terreur [1] aux délégués de Genève pour des motifs très nombreux. Mis au courant par les Russes du projet de d'Ivernois, que Saint–Marsan réclamait maintenant comme le sien propre [2], Talleyrand débuta par un refus péremptoire [3], mais entrepris par Wellington au moment où Napoléon, débarqué à Cannes, avançait sur Paris à marches forcées, il fut vite « aux trois quarts gagné ». « La force des circonstances fera le reste », disait Pictet [4]. Dalberg, de son côté, délégué par Talleyrand au comité de la Suisse, y voyait Saint–Marsan, à l'arrivée de la réponse du roi de Sardaigne, spécialement consulté, « faire de la demande de la neutralisation du Chablais et du Faucigny la condition absolue imposée par Victor–Emmanuel pour la cession faite à Genève [5] », ce qui, par les promesses antérieures, forçait l'assentiment des diplomates français [6].

Mais pour Reinhard, chef de file des Suisses, les raisons d'accepter n'étaient plus les mêmes. Il commença, lui aussi, à mettre en avant des difficultés, alors que Canning allait l'entretenir du nouveau projet [7]. Hostilité ou force d'inertie, Pictet ne savait pas ce que le landamman lui ménagerait [8].

---

1. Talleyrand s'en excusait plaisamment en disant : « Ces messieurs, se présentant ici comme ministres d'une Puissance ambitieuse et conquérante, ne doivent point trouver mauvais que la France leur tienne le même langage qu'au cabinet de Berlin. » (*Op. cit.*, I, 614.)
Genève avait 30 000 habitants en 1815.
2. Saint-Marsan dit qu'il avait déjà fait la proposition six mois auparavant sans succès. (*Op. cit.*, I, 389.)
3. « Non, non, non, ça ne se peut pas », dit-il à Stakelberg. (*Op. cit.*, I, 657.)
4. 19 mars 1815, Pictet à Turrettini : « Wellington part demain pour la destination que vous comprenez, mais il a beaucoup traité avec Talleyrand la question de la neutralisation. Talleyrand est aux trois quarts gagné. » (*Op. cit.*, I, 422.
5. *Op. cit.*, I, 434.
6. Capo d'Istria disait qu'on parlerait ainsi à la France : « Vous avez signé que vous appuierez la cession d'un arrondissement à Genève. Le roi de Sardaigne n'a voulu y consentir qu'à condition de la neutralisation, ainsi vous êtes engagés à y accéder ». (*Op. cit.*, I, 436.)
7. *Op. cit.*, I, 652 et 654.
8. Il disait de lui, le 4 décembre, en parlant d'un précédent projet : « Au lieu de seconder nos démarches sur le Chablais et le Faucigny, Reinhard les a contrariées de son mieux. » (*Op. cit.*, I, 232.)
Le 12 décembre, il écrivait en parlant du même : « Je crains fort que Talleyrand ne l'ait fait venir tout exprès pour avoir ses objections et, comme le dit Reinhard ne nous aime guère…, je suppose qu'il nous aura nui et que Talleyrand tirera parti de lui pour nous répondre ». (*Op. cit.*, I, 254.)

L'intervention des Confédérés ne pouvait être que nuisible, telle est la pensée continuelle du délégué genevois. « Capo d'Istria est horriblement las des gens de la Suisse, écrit-il le 27 février à Turrettini, il les trouve petits, envieux, obscurs, lents et finasseurs. Il ne me laisse rien à ajouter au portrait [1]». Chez d'Ivernois la méfiance est la même : « Le terrain sur lequel nous marchons ici avec Reinhard est peu sûr », dira-t-il après avoir remis à ce dernier une note sur le projet de neutralisation du Chablais et du Faucigny [2]. « Enveloppé dans une obscurité qui laisse entrevoir des objections », le chef de la délégation suisse apparaît aux yeux des délégués de Genève comme un homme à mettre à l'écart. A plus forte raison ne diraient-ils rien à « celui de Berne » qui avait « partie liée avec les Français » et dont « la malveillance » était assurée [3]. « Misérables sires » ! s'était écrié Pictet quelques semaines plus tôt, en voyant les Suisses paraître se réjouir de ses insuccès [4].

Mais « la force des circonstances » allait, là aussi, jouer son rôle. Les événements causés par le retour de l'île d'Elbe se précipitaient. « Du moment que nous voilà jetés, bon gré, mal gré, en eau trouble, pensait Pictet en mars 1815, nous avons bien le droit de songer à y pêcher, c'est de bonne guerre [5] ».

Nous arrivons à la conclusion du marché.

Le protocole des Puissances assurant au roi de Sardaigne le concours des troupes suisses en échange de la cession des dix-sept communes à Genève fut signé le 29 mars. Or Pictet écrivait le 19 mars à Turrettini que les « six personnages suisses » y étaient encore « complètement étrangers [6] ». Il comptait cependant que la Diète ne ferait pas de difficultés, « vu l'urgence [7], vu l'avantage de la chose, au fond, pour

---

1. *Op. cit.*, I, 377.
2. Note qui établissait également la réciprocité entre le concours des milices fédérales et la cession de territoire, et essayait de faire valoir un intérêt suisse, ce qui était bien dans le jeu des délégués genevois. La suite de la négociation montr[ ]a avec quel manque de conviction ils parlaient à ce moment-là.
3. D'Ivernois dénonce à Turrettini cette « malveillance du député de Berne, véritable mouche de Dalberg ». (*Op. cit.*, I, 568.)
4. « Castlereagh a arrêté le zèle de Reinhard en lui articulant que la négociation n'était pas close, ce qui l'a, je crois, plutôt désappointé que réjoui, car je crois qu'il pensait, pour ne pas dire qu'il espérait, que nous n'avions plus de chances. Ce sont de misérables sires ! » (Pictet à Turrettini, *op. cit.*, I, 173, 21 décembre 1814.)
5. *Op. cit.*, I, 431.
6. Ils ne furent avertis que le 28. (*Op. cit.*, I, 460.)
7. Napoléon arrivait à Paris.

la Suisse, et vu la manière douce dont elle est présentée[1] ».

Comment pourrait-on mieux dire que l'on craint de ce côté-là plus que d'autre part. L'orage ne peut plus désormais venir que de Suisse. Pictet va nous le dire le jour même du protocole. « Le prince de Talleyrand a signé hier soir la neutralisation du Chablais et du Faucigny », écrit-il à Turrettini, « cela passera ce soir au congrès. Il y aurait de quoi être parfaitement content sans les inquiétudes qui nous assaillent d'ailleurs », c'est-à-dire du côté suisse. Il montre à grands traits au secrétaire d'Etat quelle sera la défense de Genève quand la Suisse se trouvera en présence du fait accompli : « Observez que tout cela est demandé par le Piémont, moyennant telles cessions qu'il offre, agréé par les Puissances ; qu'après la communication à la Suisse, cela entrera dans le traité de pacification générale garanti par l'Europe. Genève n'a ni initiative apparente, ni de ce que les timides appelleraient responsabilité. Tout nous est imposé. Je ne crois pas que l'on pût faire moins mal[2]. »

Tel est l'esprit de la négociation qui conduisit au protocole du 29 mars 1815. Ce ne fut pas en faveur de la Suisse que la Savoie du Nord fut déclarée neutre. Ce fut en faveur des souverains du Piémont, et la Suisse devait l'admettre comme une charge, au moment où une compensation était donnée à l'un des cantons sous la forme d'un territoire.

*
* *

Le caractère « onéreux » pour la Suisse du protocole de Vienne n'était pas niable. Pourtant un grave malentendu allait séparer son point de vue de celui des Puissances, et, malgré son échec retentissant au traité de Turin de 1816, créer chez nos amis suisses une thèse spéciale de la « neutralisation » savoyarde, transformant en un « droit » ce dont les traités de 1815 avaient voulu faire une « obligation ».

Ce malentendu vint de ce que Pictet de Rochemont eut une faiblesse. « Dieu sait, quand Saint-Marsan viendra au fait, si la Suisse voudra y entendre », disait-il à la fin de janvier à Turrettini, après avoir promis au ministre sarde que la Suisse « garantirait la tranquillité du Chablais et du

---

1. *Op. cit.*, I, 423.
2. *Ibid.*, I, 439.

Faucigny [1]. » Cet homme qui sut mettre dans son jeu les
« colosses » de la Russie et de l'Angleterre, qui « manœuvra »
Vienne et Berlin, qui tint tête à Talleyrand, cet homme
trembla quand il dut rendre compte de sa mission devant
les Cantons. Il savait bien les « ennuis [2] » qu'on pouvait
attendre du côté suisse, et dans sa lettre du 29 mars à Turrettini, qui était un peu son complice, nous l'avons vu esquisser
une défense qui, sans être sincère, reconnaissait cependant la
situation de fait qui était créée, à savoir le sacrifice que
l'intérêt de Genève attirait à la Confédération. Mais ses craintes
augmentèrent, la « responsabilité » qu'il voulait nier allait
l'étouffer, et par une étrange défaillance il nia la situation
elle-même, laissant se former la légende du caractère facultatif pour la Suisse du protocole de mars.

C'est par étapes successives que ce malentendu volontaire,
qui entache légèrement leur œuvre, entra peu à peu dans la
conscience des délégués genevois. Le 31 janvier 1815, Turrettini leur avait écrit de Genève de rédiger la proposition du
concours des milices fédérales de telle manière que la Confédération n'en fût pas « choquée [3] ». Cette crainte de la Diète, qui
avait décidé Pictet et d'Ivernois à « mettre à l'écart » les délégués suisses, les amena également à parler en de tels termes
des obligations des cantons, qu'ils permettaient une équivoque
pour tous ceux que les pourparlers n'avaient pas touchés.

D'accord avec Saint-Marsan, et « pour effaroucher le moins
possible la Suisse [4] », on emploie, suivant le conseil de Turrettini, la « manière douce [5] », et l'on crée le malentendu par
la rédaction du protocole de mars :

> Toutes les fois que les Puissances voisines de la Suisse se

---

1. *Op. cit.*, I, 332.
2. Lettre du 27 février à Turrettini : « Remarquez que les gens de la Suisse
sont dans une nuit profonde de toute cette affaire, en somme qu'ils ne pourront point nous accuser d'être la cause des ennuis que la neutralisation pourra
leur donner... Ils sont convaincus que cette idée vient de l'Angleterre et nous
les laissons croire. » Dans une autre lettre à Turrettini, Pictet imagine les plaintes
des confédérés : « Les petits cantons, qui craignent les occasions de fournir de
l'argent et des hommes, diront que cette neutralité de la Savoie est le par contre
des concessions territoriales faites à Genève. Toutes les faveurs sont pour
Genève et c'est la Suisse qui paie ! » (*Op. cit.*, II, 377.)
3. *Ibid.*, I, 658. — « Que la proposition soit ménagée de manière à ne pas
choquer la Suisse. »
4. *Ibid.*, I, 716.
5. *Op. cit.*, I, 423.

trouveront en état d'hostilités ouvertes ou imminentes, les troupes de Sa Majesté le roi de Sardaigne qui pourraient se trouver dans ces provinces se retireront et pourront, à cet effet, passer par le Valais, sauf celles que la Confédération suisse jugerait à propos d'y placer.

Le choix des moyens était laissé à la Suisse, qui « jugerait à propos » d'y placer ou non des contingents armés suivant le danger. Le seul fait qu'il est indiqué que les troupes sardes « se retireront » implique l'idée que quelqu'un prendra la suite du roi de Sardaigne pour la défense éventuelle du territoire ainsi abandonné.

Mais ces trois mots voulaient-ils faire entendre que, quel que fût le danger, la Suisse pouvait refuser d'agir ? Non, sans aucun doute, car que devient alors « l'avantage du roi de Sardaigne », contre-partie du territoire cédé ?

Mais pour ceux qui étaient restés à l'écart des efforts déployés à Vienne par Pictet et d'Ivernois, pour ceux qui ignoraient les conditions de la lutte, l'obligation sans cesse à eux imposée de fournir une indemnité, ainsi que la pression de Clancarty, de Castlereagh et de tous les autres pour que la « compensation équitable » que Genève elle-même avait dû prévoir[1] fût fournie à la Sardaigne en écus sonnants, faute d'autre chose[2], pour les Reinhard et les Wieland, restés « complètement étrangers » à la décision qui, liant les sorts de la Suisse et de Genève, faisait payer à celle-là ce que celle-ci allait recevoir, en un mot, pour toute la Suisse, que personne d'octobre à mars n'avait voulu renseigner officiellement, le « jugerait à propos » devenait une échappatoire, adoptée par les cantons avec un tel ensemble que Pictet et d'Ivernois n'osèrent pas protester.

De là les restrictions que nous allons voir la Diète apporter au

---

1. *Ibid.*, I, 87.
2. Citons encore cette lettre de Pictet à Turrettini, le 27 janvier 1815 : « Je regrette vivement que nous ayons les bras liés pour les sacrifices pécuniaires. Ne pourrait-on pas nous envoyer éventuellement une autorisation positive d'aller jusqu'à une aliquote fixe du principal de la cotisation foncière pour le strict désenclavement, ladite somme annuelle, rachetable, à volonté, par un capital à 4 ou 5 pour 100... Réfléchissez-y, mais un peu vite, car cela presse beaucoup. » (*Ibid.*, I, 335.)
La déclaration de Clancarty, donnée plus haut, estimant que le concours des milices fédérales suffit, est postérieure d'un mois à cette lettre. — (*Ibid.*, I, 702.)

protocole de Vienne par son acte d'accession du 12 août 1815,
de là les protestations du royaume sarde et l'annulation de
ces restrictions par le traité de Turin de 1816, après que les
Puissances signataires de Vienne eurent été consultées. La
correspondance de Pictet va jeter un jour éclatant sur ce
côté du débat resté longtemps dans l'ombre et qui a une importance fondamentale, car nous y montrerons mieux encore,
si c'est possible, que par les notes de Vienne, le caractère onéreux, en ce qui regarde la Suisse, de la déclaration du 29 mars.

La Commission de la Diète ayant proposé le 20 juin aux
divers cantons l'acceptation de la déclaration des Puissances,
devenue l'article 92 de l'acte final du Congrès de Vienne,
le canton de Saint-Gall ouvrit le feu en déclarant que « dans
son opinion, l'occupation et la protection du Chablais, du
Faucigny et du territoire au nord d'Ugines devaient être absolument refusées, ou qu'il faudrait tout au moins stipuler plus
expressément encore le caractère facultatif de cette mesure [1] ».
Uri, Lucerne, Schwytz, Zurich et bientôt tous les cantons
suivirent l'exemple de Saint-Gall [2].

L'acte d'accession de la Diète apporta donc, le 12 août 1815,
une restriction fondamentale à la déclaration des Puissances.
La Savoie du Nord ne serait gardée, après le départ des armées
du roi de Sardaigne, que

> si la Confédération, ainsi que l'acte du Congrès lui en laisse
> la faculté, jugeait alors convenable d'y placer des troupes, et
> de la manière et aux conditions qui pourraient être détermi-
> nées par des conventions particulières.

Le mandat de l'Europe devenait une « faculté ». L'obligation de défendre n'était plus qu'un droit d'occuper.

L'acte d'accession du 12 août innovait encore sur deux
autres points : le roi de Sardaigne entendait avoir, sans restriction aucune, le droit de passer par le Valais, clairement
exprimé dans le protocole du 29 mars. Or l'acte d'accession

---

1. Gonzembach, *la Suisse et la Savoie*, documents, p. 29. — Saint-Gall ajoutait
qu'au point de vue suisse « le lac de Genève était une frontière beaucoup
plus facile à défendre ».

2. Citons ces paroles du rapport du député de Miéville au grand conseil de
Lausanne : « Il n'est aucun Suisse s'occupant sérieusement et avec suite des
affaires fédérales qui n'ait vu avec inquiétude la neutralisation du Chablais et
du Faucigny et les conditions d'annexion des communes savoyardes à Genève »
(D'après Usannaz-Joris, *De la neutralité de la Savoie*. Paris, Arthur Rousseau,
1901).

de la Suisse introduisait la réserve « qu'il n'en résulte aucun préjudice pour sa neutralité ». Enfin la Suisse n'avait parlé que du Chablais et du Faucigny sans faire allusion au territoire au nord d'Ugines, porté dans la déclaration du congrès de Vienne.

On peut penser quel effet l'énoncé de ces restrictions devait produire à Turin, où Victor-Emmanuel ne songeait qu'à se réjouir de sa « bonne affaire ».

L'échange de notes reprit. Le comte de Varax, envoyé sarde à Zurich, disséqua aux yeux du Directoire fédéral ces différences de textes, se refusant par-dessus tout à admettre le caractère facultatif de la protection, et déclarant dès le 21 septembre à la Suisse que Carouge ne pourrait être remis au canton de Genève qu'après que la Confédération serait revenue sur ces restrictions [1].

Ce fut plus délicat encore quand au deuxième congrès de Paris, — où Pictet, cette fois, représenta la Suisse, — le protocole du 3 novembre et le deuxième traité de Paris du 20 novembre eurent étendu la neutralité « au territoire qui se trouve « au nord d'une ligne à tirer depuis Ugines au midi du lac « d'Annecy, par Faverges jusqu'à Lescheraines, et de là au « lac du Bourget jusqu'au Rhône [2]. »

Pictet reçut de vifs reproches qu'il put « retourner » comme immérités. Quand le Directoire écrivait, comme il le fit à ce moment-là, que « les vœux de la Suisse et du gouvernement fédéral avaient été en cela fâcheusement dépassés », que « le caractère national et la prudence des gouvernements des cantons s'alarmaient des dangers d'une pareille extension [3] ». ou encore que « le deuxième traité de Paris avait étendu la neutralisation bien au delà de l'opinion et peut-être des vœux de la Suisse [4] », il fournissait quelques arguments de plus à la thèse sarde, mais il oubliait les instructions qu'il avait données à Pictet, et il commettait à l'égard de son délégué une injustice que seul l'examen attentif des dates pourra expliquer.

Comme Pictet le démontra sans peine [5], les instructions

1. Gonzembach, *op. cit.*, p. 103.
2. Le territoire ainsi neutralisé comprend tout le département de la Haute-Savoie et une partie de celui de la Savoie.
3. *Op. cit.*, II, 290.
4. *Op. cit.*, II, 278
5. Il commença par se cabrer : « Je n'ai d'autre goût et d'autre ambition que de vivre retiré à la campagne, écrivait-il au gouvernement fédéral ; je ne

que la Commission diplomatique lui avait remises le 15 août 1815 avaient prévu l'extension de la zone neutre, mais c'était le genre de neutralité que trois jours auparavant, le 12 août 1815, l'acte d'accession venait d'interpréter comme un bénéfice, et accepter avec « reconnaissance [1] » comme un bienfait du congrès, cette neutralité où la Diète ne voyait plus qu'une « faculté », c'est-à-dire un droit d'occuper [2].

Le malheur voulut qu'en septembre, un mois après la remise des instructions à Pictet, les protestations de Victor-Emmanuel, qu'appuieront plus tard toutes les Puissances, faisaient rentrer la neutralité des provinces sardes dans le cadre que les décisions de Vienne lui avaient donné.

Cela amena le Conseil fédéral lui-même, à la date du 1er novembre 1815, à annuler en partie ses restrictions du 12 août dans une note envoyée au ministre sarde. La Suisse, dès lors, ne souhaitait plus l'extension de la zone neutre, mais c'était à ce moment même que le congrès l'ordonnait (3 novembre 1815).

Pictet était donc simplement responsable de la fausse interprétation que, de mars à septembre, il avait laissé créer autour de la décision du 29 mars, et c'est là ce que le Directoire fédéral aurait dû lui dire, au lieu de l'accuser d'une faute dont il n'eut aucune peine à se disculper.

Eût-il eu cette peine, qu'il eût mérité tout de même des louanges pour les avantages que le deuxième traité de Paris avait apporté par ailleurs au nouveau canton. On sait que la Suisse, rompant sa neutralité pendant les Cent Jours, se défendant de combattre la France, mais seulement son « tyran », obtint tout de même un morceau de France que Richelieu, avec douleur, dut se laisser arracher, ce pays de Versoix pour lequel Talleyrand avait tant lutté au Congrès de Vienne.

Ce fut le prix des 40 000 Suisses fournis aux Alliés après la convention du 20 mai [3] et du libre passage laissé à l'armée

---

veux ni place, ni honneurs, ni argent. J'ai refusé et je refuserai tout ce qu'on appelle ordinairement récompense dans la carrière dont on m'a fait essayer et dont je suis impatient de sortir. » (*Op.cit.*, II, 280.)

1. Dans le texte.

2. Pictet avait ce commentaire dans le texte des instructions (II, 24). Il se garda bien de soulever cette difficulté qui aurait tout remis en question.

3 Voici comment Pictet définit ce rôle de la Suisse, dans ses demandes à Castlereagh (*op. cit.*, II, 166) :

« Je prends la liberté de représenter que la Suisse a été la première à armer,

autrichienne à travers le Valais et à travers cette Savoie
dont la Confédération protégeait déjà singulièrement la neutralité. La France était chassée de la rive septentrionale du
lac Léman. Six communes du pays de Gex s'ajoutaient aux
dix-sept communes de Savoie pour former l' « arrondissement » que Genève désirait. Il y avait bien là de quoi faire
oublier la malencontreuse « extension » de « neutralité » des
provinces sardes.

Moins que jamais, cependant, de Varax entendait laisser
admettre le caractère facultatif que l'acte d'accession du
12 août avait prétendu tirer du protocole de mars, et par
une lettre du 17 décembre au Directoire, il exposa que « les
arrangements que l'on aurait à prendre par suite du nouveau
protocole pourraient offrir l'occasion de remédier aux restrictions renfermées dans l'acte d'accession du 12 août [1] ».

Déjà le Directoire, que Metternich et Capo d'Istria avaient
conseillé [2], avait décidé d'envoyer Pictet à Turin pour obtenir
enfin de la Cour de Sardaigne le territoire promis et régler
les difficultés dans lesquelles la responsabilité du délégué
genevois était, en somme, engagée.

Dans les premières instructions données à Pictet le 12 décembre 1815, et conformément à la lettre que le Directoire
écrivait le même jour au Conseil de Genève, tout pouvoir de
traiter désormais de la neutralisation était refusé à Pictet [3].
Celui-ci partit aussitôt pour Zurich et n'eut pas de peine à
montrer aux hommes d'Etat de la Suisse quel inconcevable
non-sens il y aurait à refuser de parler à Victor-Emmanuel
de l'objet principal qu'il envisageait.

Pictet, par des instructions complémentaires du 27 décembre, reçut donc l'autorisation de traiter la question de la
neutralité des provinces sardes, mais ce fut avec un tel
commentaire que l'acte d'accession du 12 août en était lui-
même dépassé.

Elle a mis 40 000 hommes sur pied, avec des difficultés et des sacrifices propor-
tionnellement plus forts qu'aucune autre puissance... Les troupes suisses ont
fait le siège d'Huningue, occupé Blamont, Pontarlier, Jougne, Salins, les Faucilles
l'Ecluse, Champagnole, et appuyé les opérations des deux armées autrichiennes
en France. La Suisse est donc dans la classe des Puissances qui ont fait une guerre
active, hors de leurs frontières.

1. Gonzembach, Documents, p. 30.
2. *Ibid.* p. 106. Lettre du 5 décembre du Conseil d'Etat de Genève au Directoire fédéral.
3. *Cramer, op. cit.* II, 278.

Le texte du 12 août 1815 réservait à la Suisse la « faculté » d'occuper et sous-entendait celle de défendre. Ici la « faculté » de défendre est clairement exprimée :

> La Suisse reconnaît tout l'effet des déclarations des cinq grandes Puissances à l'égard des provinces de Savoie désignées dans le Protocole de Paris du 3 novembre... Mais elle reconnaît cet état de choses comme effet des déclarations des Puissances, comme un bienfait dont les provinces savoyardes doivent jouir, non comme une obligation qui lui lui soit imposée de les occuper et de les défendre.

Ces instructions avaient du moins un mérite, c'est que pour la première fois la question était bien posée. L'échec que subit Pictet va nous fixer absolument sur le sens que les Puissances allaient donner au « jugerait à propos » du protocole de Vienne.

De Zurich même, le 24 décembre, Pictet de Rochemont avertit Turrettini que d'après l'avis de Canning, lequel l'a dit au gouvernement des Cantons, c'est une « obligation » qui est imposée à la Suisse [2]. Quelques jours après son arrivée à Turin, Pictet prévient le Conseil d'État de Genève que si la cession de Carouge est retardée, c'est à cause des termes de l'accession du 12 août [3], contre lesquels protestait le ministre sarde, parce qu' « ils établissaient une prétention qui, si elle était fondée, réduirait à presque rien les avantages en échange desquels Sa Majesté avait cédé des objets matériels importants [4] ».

Le 22 janvier 1816, à la suite d'une discussion orageuse, Pictet se décida à demander à la Suisse de revenir solennellement sur les termes de l'accession du 12 août, en reproduisant en partie les déclarations officieuses du 1er novembre. Il avouait trouver « beaucoup de force [5] » dans le raisonnement de la Cour de Turin consistant à dire « qu'il n'était ni juste, ni naturel de réclamer au roi la cession effective du territoire aussi longtemps qu'une des conditions fondamentales attachées à cette cession était laissée en suspens par le fait du silence gardé par la Confédération, et même par une sorte de protestation de sa part [6] », et comme le jour même il reçoit l'avis d'ordre général de ne pas s'écarter des traités de Vienne,

---

1. *Op. cit.*, II, 288.
2. *Ibid*, II, 296.
3. *Ibid.*, II, 324.
4. *Ibid.*, II, 325.
5. *Ibid.*, II, 347.
6. *Ibid.*, II, 347.

3

il s'écrie dans un élan de franchise, avouant par cela même quelle était sa propre conception du protocole de mars 1815 : « Je demande dans quel but on m'a envoyé ici, si ce n'est précisément pour dévier, dans le cas où besoin serait, et sur le point admis par Zurich, des textes desdits traités [1]. »

Le 29 janvier, Pictet avait écrit à Zurich que les réserves du 12 août étaient la seule cause de la non cession du territoire genevois [2]. Le Directoire fédéral répondit, le 7 février, ne pas pouvoir admettre le texte que proposait Pictet parce qu'il « jetterait du louche sur les intentions de la Diète et articulerait une déviation des actes de cette autorité [3] ». Si la Cour de Sardaigne ne cède pas, le plénipotentiaire suisse est invité à s'adresser aux représentants des Puissances [4].

Le prince Koslowski, ministre de Russie, ne cacha pas à Pictet qu'il donnait raison au ministre sarde : « Vous n'ignorez point sans doute, lui dit-il, que la restriction faite par la Confédération suisse n'est point l'ouvrage des Alliés, et que nous n'avons d'autre principe de conduite que les traités conclus par nos maîtres et d'autres instructions que de soigner l'exécution et l'observation desdits traités [5]. »

Puis c'est le tour de Binder, chargé d'affaires d'Autriche, et de Truchsess, ministre de Prusse à Turin. Pictet pouvait écrire à Zurich, le 6 mars, que trois sur quatre des ministres étrangers, le quatrième [6] étant absent, condamnant les prétentions suisses, il fallait « renoncer à traiter et abandonner toute négociation » si on ne voulait pas l'autoriser à signer le texte qu'il avait proposé [7]. Il ajoutait en terminant sa lettre, qui était adressée au bourgmestre de Zurich : « Je prie donc Votre Excellence de m'autoriser à prendre congé dès que j'aurai fait la tentative qu'elle pourrait m'adresser et que je prévois d'avance être absolument inutile [8] ».

---

1. *Op. cit.*, II, 348.
2. Le 30, Pictet reçoit, du comte de Valaise, ministre des Affaires Étrangères, lui-même, la nouvelle déclaration que le territoire ne sera cédé qu'après que « la réserve publique du 12 août 1815 aura été annulée par une déclaration publique également ». (*Ibid.*, II, 364, 365.)

Pictet ajoute après en avoir rendu compte : « Le ministre n'a pas laissé échapper une parole qui ne fût marquée au coin de la raison. »
3. *Ibid.*, II, 386. — Ce fut pourtant ce texte qui fut admis.
4. *Ibid.*, II, 387. — « Après avoir combattu avec la plus grande force cette marche rétrograde des affaires. »
5. *Ibid.*, II, 431.
6. Le ministre anglais, qui pensait certainement comme Canning.
7. *Ibid.*, II, 468.
8. *Ibid.*, II, 469. — « Mes forces sont à bout », écrit-il en même temps à Genève. (*Op. cit.*, II, 469.)

Le 9 mars, il écrit à Turrettini : « La Suisse se trouvera dans une position fausse à l'égard des Puissances qui ont fait le Protocole de Vienne et qui entendent que la neutralité de la Savoie soit acceptée sans restrictions [1]. »

Il l'avertit une fois de plus que la Prusse et l'Autriche se sont déclarées contre l'idée de la Confédération. « La Russie et l'Angleterre sont exactement à l'unisson, ajoute-t-il ; si aucune des quatre ne montre ni impatience ni humeur, c'est que le fonds de bienveillance envers la Suisse est très riche [2]. ». Quant à la France, « elle ne différait pas dans la moindre nuance de l'avis des quatre autres [3] ».

Toutes les Puissances étaient unanimes à demander au Directoire fédéral « de reconnaître la nécessité d'effacer la réserve établie par la teneur de l'acte du 12 août 1815, relatif à l'acceptation de la neutralité des provinces du Chablais et du Faucigny et du territoire au nord d'Ugines [4] ».

Les changements que l'acte d'accession du 12 août 1815 avait voulu apporter à l'état de choses établi à Vienne furent donc positivement annulés par l'article 7 du traité du 16 mars 1816, qui après avoir reconnu, comme l'exigea le ministre sarde, la réciprocité entre la cession du territoire en faveur du canton de Genève et l'application de la neutralité, ajoutait que la Confédération helvétique

> « acceptait les actes du Congrès de Vienne dans leur entier, selon leur teneur littérale et sans aucune réserve, en sorte que la différence de mots qui pouvait se trouver entre l'acte d'accession de la Diète et le Protocole du Congrès ne doit nullement être envisagée comme une restriction ou comme une déviation du sens précis de ce dernier. »

Après les luttes engagées, c'était la consécration du caractère obligatoire, pour la Suisse, du protocole initial.

En communiquant par circulaire le nouveau traité aux

---

1. *Op. cit.*, II, 475.

2. *Ibid.*, II, 475. — Il avait dit le 6 mars : « Les Puissances nous ont imposé certaines conditions, il faut les remplir, sans cela tout tombe et même la bienveillance des Puissances pour nous. »

3. *Ibid.*, II, 477. — Notre chargé d'affaires était le comte de Gabriac. « La France a voix au chapitre, dit Pictet, et une voix qui sera forte avant qu'il soit longtemps. »

4. *Ibid.*, II, 477 et 482. — Extrait du rapport de Pictet : « Les Puissances signataires et garantes des protocoles et du traité de Paris exigèrent elles-mêmes que les restrictions de l'acte du 12 août 1815 fussent effacées » (*Ibid.*, II, 518)

Cantons, à la date du 16 avril 1816, le Directoire avait la franchise d'accepter la situation telle qu'elle découlait des négociations de Turin. Il leur rappelle donc : « Que le territoire savoisien neutralisé avait reçu du Congrès un développement imprévu par la Suisse, mais que le Directoire, qui n'avait assurément ni désiré, ni demandé de pareilles dispositions, y avait vu une charge imposée par les monarques auxquels la Suisse devait dans le passé et encore par le nouveau traité de Paris tant d'avantages signalés [1]. »

Il ajoutait par ailleurs : « Les ministres des Puissances alliées qui avaient montré une si grande bienveillance pour la Suisse dans toutes les autres questions se sont déclarés absolument contraires à toute modification ou affaiblissement des décisions des Congrès de Vienne et de Paris en ce qui concerne la neutralisation de la Savoie [2]. »

Le caractère onéreux pour la Suisse de l'acte établissant cette neutralisation était ainsi officiellement reconnu par le fait même qu'en voulant le nier la Suisse avait mis contre elle l'unanimité des Puissances qui l'avaient signé.

Le traité de Turin du 16 mars 1816 ayant annulé les restrictions de l'Acte d'accession de la Diète, on peut à bon droit s'étonner que la Déclaration de neutralité suisse du 4 août 1914 qui invoque ce dernier acte n'ait pas mentionné en même temps le traité solennel qui en a si profondément modifié les termes. La raison de cet oubli est que le traité de Turin à la préparation duquel toute l'Europe, nous l'avons vu, a participé, a ruiné par avance toute interprétation des traités les déformant « en faveur » de la Suisse, et en particulier l'interprétation soutenue tout le long de cette Déclaration du 4 août.

*
**

Au moment où les représentants de la Savoie aux deux Chambres demandent le règlement définitif de cette laborieuse question des provinces « neutralisées », il était intéressant de démontrer que, par la lettre et l'esprit des accords de Vienne, confirmés et expliqués en 1816 à Turin, la Confédération est sans contredit, sur ce point-là, en droit interna-

---

1. Gonzembach, *op. cit.*, p. 140.
2. Gonzembach, *ibid.*, p. 31.

tional, notre débitrice, sans qu'aucune note de diplomate ou de ministre puisse aujourd'hui se substituer aux traités.

Si la France, sur le désir des Cantons, a librement consenti à réserver son action militaire sur ces territoires, c'est qu'un règlement est encore à faire et que la courtoisie internationale exigeait que le terrain de la discussion fût laissé intact.

Mais cette charge de défendre la Savoie, que peut-elle devenir après l'annexion de 1860?

Avant cette annexion, le Conseil fédéral lui-même nous a répondu : « Un état de choses, dit-il le 19 mars 1860, dans une note aux Puissances, qui peut avoir ses raisons vis-à-vis d'une Puissance de second ordre serait complètement irrationnel vis-à-vis d'une des plus grandes Puissances militaires de l'Europe et serait également contraire à la dignité des deux Etats [1]. »

La France a-t-elle besoin comme la Sardaigne d'un défenseur de la Savoie? La Suisse, qui *protégeait* un Etat plus faible qu'elle, va-t-elle *servir* un Etat plus fort? C'est là, en effet, pour les deux pays, la plus singulière des hypothèses et un état de choses également contraire à leur dignité.

La Confédération a-t-elle un intérêt quelconque à maintenir la neutralité de la Savoie du Nord? Le Conseil fédéral nous répond encore dans son message du 18 mars 1860 aux Cantons, en déclarant qu'après l'annexion à la France cette neutralité « n'aurait pour la Suisse absolument aucune valeur réelle » et *n'aurait plus de base rationnelle* [2].

Ces derniers mots dépeignent exactement la situation. Le retrait des troupes n'a plus de raison d'être, puisqu'il n'y a plus de troupes risquant d'être « coupées de Turin ». Le remplacement par des troupes suisses est donc inutile. Le passage par le Valais est devenu un « non-sens », comme le déclare la note du Conseil fédéral du 19 mars.

Cependant la thèse de l'intérêt suisse s'était développée à partir de 1815 sous la plume de certains publicistes qui, préférant oublier les négociations de Turin et s'en tenant à l'acte d'accession de la Diète, ne voyaient qu'un droit et un bienfait des Puissances, là où ces Puissances avaient mis une servitude militaire compensée par une cession de territoire. D'après eux,

---

1. Note aux Puissances signataires des traités de Vienne (19 mars 1860).
2. Feuille fédérale, *l. c.*, page 11.

et d'après une partie de l'opinion suisse, la neutralisation aurait un but stratégique; de protégée, la Savoie deviendrait protectrice; c'est elle qui couvrirait les cantons.

« Sans valeur réelle » et « sans base rationnelle », comme l'a dit le Conseil fédéral, la neutralité de la Savoie ne protège rien. « Avec Gex à la France, disait Pictet, la neutralisation était sans objet au point de vue suisse ».

Dans l'hypothèse invraisemblable et qui serait pourtant la seule à envisager, où la France et la Confédération entreraient en lutte, de quel poids serait la prétendue neutralité d'un pays trop excentrique au point de vue de l'attaque, pays qui ne pourrait pas non plus servir à la Suisse pour sa défense, puisqu'il se trouve occupé et gardé par des garnisons françaises avant l'ouverture des hostilités [1].

Ce qui protège la Suisse, c'est la garantie d'une neutralité si souvent reconnue par toutes les Puissances et qui doit s'affirmer à toute occasion. C'est dans ce sens qu'on doit interpréter l'article II du traité de Turin de 1860 dont il va être parlé.

En 1860, la Suisse crut légitime de revendiquer pour elle la Savoie du Nord en invoquant auprès de toutes les Puissances signataires du Congrès de Vienne le rôle spécial vis-à-vis de ces provinces que le protocole de mars 1815 lui avait donné. Dans les nombreux mémoires qu'elle envoya aux Puissances, la neutralité de la Savoie du Nord prit une telle importance que Victor-Emmanuel II et Napoléon III, dont la tâche était délicate, remirent à plus ard le règlement du conflit.

Ce fut là le but de l'article II : « Il est entendu que S. M. le Roi de Sardaigne ne peut transférer les parties neutralisées de la Savoie qu'aux conditions auxquelles lui-même les possède; il appartiendra à S. M. l'Empereur des Français ds s'entendre à cet égard tant avec les Puissances représentées au Congrès de Vienne qu'avec la Confédération helvétique, et de leur donner les garanties qui résultent des stipulations rappelées dans le présent article. »

La France et la Sardaigne admettaient-elles par cet article une thèse de « l'intérêt suisse » absolument contraire à leurs vues anciennes et au protocole de Vienne? Aucunement,

---

1. A lui seul ce dernier argument montre tout ce qu'aurait d'irrationnel le maintien de la « neutralisation » de 1815. Si nous devions forcer les portes du Valais imagine-t-on que nous commencerions par retirer nos garnisons du territoire dit « neutralisé », afin que la Confédération puisse user du « droit d'occuper »!

comme nous allons le voir. Un nouvel accord était nécessaire pour l'adaptation des traités de 1815 au « retour-
nement » de l'état de choses, mais les ministres des deux
pays indiquaient déjà ce qu'ils soutiendraient au cours du
débat. «La neutralisation de la Savoie du Nord, écrivait Cavour
le 21 mars 1860 au ministre sarde à Berne, a été, avant tout,
établie dans l'intérêt de la Sardaigne qui l'a demandée et
obtenue en compensation d'une cession territoriale en faveur de Genève et, par conséquent, de la Confédération[1]. »
Trois jours auparavant, notre ministre des Affaires Etran-
gères avait également écrit au chargé d'affaires français à
Berne, pour communication au Gouvernement fédéral :
« L'engagement accepté par la Confédération était le prix
d'une cession territoriale faite au canton de Genève, et la
neutralisation éventuelle du Chablais et du Faucigny était
une garantie stipulée au profit de la Sardaigne et la compensation d'un sacrifice. Cette neutralisation n'avait donc
pas été combinée en vue de protéger la frontière suisse que
sauvegardait suffisamment une barrière infranchissable,
c'est-à-dire la neutralité proclamée par l'accord des Puissances; elle a été, au contraire, imposée comme une charge à
la Suisse, qui l'a acceptée à titre onéreux[2]. »

Thouvenel aurait pu envisager l'hypothèse d'une concession
à obtenir de la Suisse, comme contre-partie de la suppression
de la servitude[3], mais il rend la situation encore plus nette en
y renonçant : « Le Conseil fédéral, dit-il, pourrait prétendre
que, la cession de la Savoie modifiant les termes du contrat,
il lui est loisible de se considérer comme exonéré vis-à-vis
du Roi de Sardaigne de l'obligation de veiller au maintien de
la neutralité du Chablais et du Faucigny. »

Voilà, dans la semaine même qui a précédé le traité du
24 mars 1860, l'interprétation officielle de l'article II par les
deux ministres qui l'ont signé.

Comme Thouvenel le disait si bien, la Suisse était suffisamment sauvegardée par sa neutralité officiellement proclamée.
Si cette neutralité devait être violée, qu'importerait à l'agres-
seur la neutralité de la Savoie! C'est ce que Thouvenel laisse

---

1. Feuille fédérale, pièces officielles, p. 47.
2. Note du 17 mars 1860.
3. Nous avons vu que cette servitude remplaça la « redevance annuelle »
d'abord prévue.

entendre clairement dans sa circulaire du 7 avril 1860, en ruinant par avance l'intérêt de la neutralisation pour le cas où la Conférence prévue aurait l'intention de la maintenir : « Admettre, dit-il, que le cas échéant où cette disposition deviendrait applicable, le gouvernement de l'Empereur aurait le dessein de s'y soustraire, cela eût été prétendre qu'il ne respecterait pas davantage la neutralité de la Suisse dont le territoire, accessible à la France comme à l'Allemagne par une quantité de points importants de sa frontière, n'est couvert contre toute atteinte que par l'autorité d'un droit supérieur placé sous la protection de l'Europe et fondé sur l'intérêt mutuel des Etats limitrophes. »

La France et la Sardaigne n'étaient pas les seules à interpréter les conséquences de l'annexion de cette manière. Le prince Gortchakov disait à M. de Montebello le 17 mars : « La Suisse prétend qu'il ne peut lui être indifférent que la Savoie passe des mains d'une petite Puissance dans celles d'une Puissance de premier ordre, mais pour nous sa véritable garantie est celle que l'Europe lui a donnée par les traités. Voilà ce que nous dirons pour vous soutenir [1]. »

Il ne sortit des pourparlers de 1860 que l'affirmation de la nécessité d'une conférence, mais une fois l'annexion consommée, l'intérêt de cette conférence paraissait si restreint qu'elle n'eut pas lieu.

***

Rendons cette justice à la République voisine que, depuis la crise malheureuse de 1860, au cours de laquelle ses prétentions territoriales sur le Chablais et le Faucigny furent écartées, elle n'a pas cherché à revenir en arrière et à profiter des circonstances pour rattraper ce qu'elle avait cru perdre au moment de l'annexion. La République helvétique, à cet égard, a préféré revenir à la sagesse de 1814 et 1815, lorsqu'elle calmait l'ardeur de Genève et donnait à l'Europe l'exemple de son désintéressement.

C'est ainsi qu'en 1870, une information de source officieuse ayant déclaré que la Prusse avait offert aux cantons le Chablais et le Faucigny, un démenti venu de Suisse apaisa immédiatement les appréhensions de la France, en déclarant

---

1. Giacometti, *L'unité italienne*, période 1860-1861 (Paris, Plon, 1896).

que, si ces propositions avaient été faites, « le Conseil fédéral les aurait écartées aussitôt de la manière la plus nette, comme cela eût été de son devoir ».

Quelques semaines après, saisissant une occasion nouvelle, la Suisse déclarait par la voix de son Conseil fédéral ne pas vouloir « laisser supposer qu'elle aurait l'intention de profiter des malheurs de la France ».

L'expression de ses sentiments méritait d'être soulignée et cela nous met encore plus à l'aise pour montrer que, par contre, par une sorte de coquetterie des plus naturelles, mais en émettant des prétentions absolument contraires aux décisions de Vienne, la Suisse n'a pas manqué de souligner, toutes les fois qu'elle l'a pu, que la question de la neutralité de la Savoie du Nord n'était pas réglée.

La thèse suisse est purement théorique, mais elle a eu, pendant la dernière guerre, des conséquences pratiques des plus regrettables, dépassant de beaucoup la portée d'un pareil sujet[1]. C'est pourquoi la Savoie ne veut plus de « neutralité » et demande l'annulation pure et simple du protocole suranné qui l'avait créée.

Rappelons qu'au cours des cent ans qui nous en séparent, l'intervention suisse prévue n'eut jamais lieu en Savoie. Cependant, d'après la lettre des traités, les raisons d'occuper n'auraient pas manqué.

Lors de l'intervention armée de l'Autriche contre le Piémont en 1821, ainsi que lors des interventions françaises de la monarchie libérale en 1831, 1832 et 1834, Charles-Félix et Charles-Albert retirèrent leurs troupes de Savoie. A plus forte raison en 1848, lors de la guerre qui devait finir à Novare. La Suisse ne bougea pas, même lorsque des bandes armées venues de France occupèrent Chambéry.

En 1859, la raison d'intervenir eût été encore davantage dans l'ordre des choses, puisque la division Bouat, usant du chemin de fer Victor-Emmanuel, traversa la zone « neutre » depuis Culoz jusqu'au nord d'Aix-les-Bains, et cela pour marcher contre l'Autriche, seule nation en 1815 qui pouvait avoir intérêt en même temps que la Sardaigne à revendiquer en

---

1. Nous verrions de nouvelles difficultés s'élever après la création de la future ligne de Paris à Milan et à Turin par le Faucigny et le tunnel du Mont-Blanc. (Voir à ce sujet, dans le *Correspondant* du 10 août 1910, l'article de J. Berge, *La Conférence de Rome et les Transalpins franco-italiens.)*

faveur de ses provinces milanaises la neutralité des passages de Savoie. Non seulement le Conseil fédéral s'abstint à ce moment-là, mais il affirma aux yeux de l'Europe qu'il avait rejeté les réclamations faites par l'Autriche [1].

En 1870, cette abstention fut la même, malgré la traversée du territoire « neutre » par un corps de Bourbaki se repliant sur Chambéry et malgré l'intervention intempestive d'un préfet trop zélé qui, sans mandat d'aucun genre, ayant vu les Prussiens arriver à Dijon, demanda au Conseil fédéral ce qu'il comptait faire !

C'est ainsi que, depuis 1815, les clauses relatives à la neutralisation de la Savoie sont toujours restées lettre morte. En 1883, à propos de fortifications que la France paraissait devoir élever sur le Mont-Vuache, Jules Ferry, en réponse à une note suisse et dans une lettre à notre ambassadeur à Berne, nia simplement cette intention de la France [2], déclarant

---

1. Note du Conseil fédéral aux Puissances signataires du traité de Vienne (18 nov. 1859). Il déclare « n'avoir pas voulu reconnaître l'obligation d'empêcher le passage des troupes françaises par le chemin de fer Victor-Emmanuel ».

2. Jules Ferry, dans sa note hâtive et dans le but de limiter le débat, ne répondit pas à la partie de la note suisse discutant à la France le droit d'élever des fortifications sur cette partie du territoire. Son silence a été exploité en faveur de la thèse suisse. Mais notre droit sur ce point est si évident qu'il semble inutile d'y consacrer de longs développements. Le droit de fortifier, reconnu à tous les neutres, fut spécialement réservé au roi de Sardaigne, *sans restrictions*, par l'article 90 du traité du 9 juin 1815, postérieur de deux mois au protocole de mars.

Pictet fit à Paris et à Vienne de vains efforts pour amener des restrictions au droit de fortifier. La France et la Sardaigne les firent toujours repousser. (Cramer, *op. cit.*, I, 157, 347, 362, 398, 416, 463, 581, 671, 719, 720 ; II, 72). S'il avait fallu créer sur ce sujet une distinction, le traité l'eût fait comme pour Huningue.

Le rapport officiel que Pictet fit, le 8 avril 1815, sur sa mission à Vienne, indiqua que le plénipotentiaire sarde avait « repoussé absolument » l'idée de faire revivre l'ancien traité de Saint-Julien prohibant la construction de forts à moins de quatre lieues de Genève. A ce moment (avant le 2e traité de Paris), la question ne concernait que la France, mais Saint-Marsan la généralisa, ne voulant pas que fût remis en question « la réserve du traité de Paris qui autorise chaque puissance à fortifier tel point de ses Etats qu'elle juge convenable ». Le Congrès fut de son avis (Rapport officiel, *op. cit.*, I, 463). A plus forte raison, à aucun moment des négociations, ne fut-il parlé de l'interdiction d'élever des ouvrages militaires sur un point quelconque des provinces sardes.

Rendant compte également de l'échec des demandes genevoises, d'Ivernois, dans une lettre du 15 mars 1815 à son Conseil d'Etat (*op. cit.*, I, 720), explique longuement que « les auteurs du traité de Paris, en donnant l'existence à Genève, étaient pour le moins aussi autorisés à la priver, sans son consentement, du bénéfice du traité de Saint-Julien, qu'à dépouiller le roi de Sardaigne d'une partie de ses Etats ». « ... La France, ajoute-t-il, ayant le plein droit d'élever un fort à la Pierrière (pays de Gex), ainsi que d'y stationner des troupes, le droit

en outre que les études pour la mobilisation respectaient la Savoie du Nord. C'était respecter surtout le litige en cours.

Qu'il soit permis de conclure :

Achetée par la cession d'un territoire et destinée à apporter le concours des milices fédérales à la défense contre la France des provinces sardes trop éloignées de Turin, la neutralisation de la Savoie n'en a pas empêché l'annexion toute pacifique à notre pays, due à l'élan volontaire et unanime des populations. Après cette annexion et du propre aveu de nos amis suisses, cette « neutralité », perdant sa raison d'être, ne devenait plus qu'un foyer de malentendus.

Il est nécessaire qu'à l'une des conférences du Congrès qui va s'ouvrir, au moment du règlement définitif des affaires intéressant l'Europe, il soit officiellement déclaré que, les décisions de 1815 n'ayant eu pour but que d'organiser la protection obligatoire de la Savoie par les milices fédérales, en échange d'un territoire cédé à la Suisse, aucune *base rationnelle* ne permet plus le maintien de la « neutralité » des provinces savoyardes depuis qu'elles font partie intégrante du territoire français.

Fernand DAVID,

Député de la Haute-Savoie, Ancien ministre,

et J. BERGE.

✦

d'en avoir à Saint-Julien, *que lui donne le traité de Paris,* ne saurait nous donner le même ombrage que lorsqu'on fit renoncer les ducs de Savoie à ce droit. d'Ivernois termine en disant : « Au surplus tous les raisonnements se taisent devant l'impossibilité d'obtenir cette réserve. »

La France n'a prrivé le territoire « neutralisé » ni de routes stratégiques, ni de bastions. Elle en a miné les ponts et les routes au vu et su de la Confédération avec laquelle elle a parfois passé des accords à ce sujet. Exemple : l'accord relatif aux poses de mine sous le viaduc de la route Annemasse-Saint-Maurice). La Suisse a elle-même, comme tous les neutres, d'importantes fortifications sur son territoire.

PARIS :•: :•: :•: :•: :•: :•: :•:
LOUIS DE SOYE, IMPRIMEUR
18, r. des Fossés-Saint-Jacques,
:•: :•: :•: :•: :•: :•: :•: :•: **1919**

火